● 编委会

主　任：刘　炜　孙秀丽　黄丽丽
主　编：钱初熹　朱黎兵

编　委（按姓氏笔画为序）

马蔚斌　吕云萍　李　莉　邱云章
张　泽　张旭东　陈怡婷　郑杰才
郑宝珍　郑惠婷　徐英杰　徐耘春
赖思沁

● 全国教育科学"十四五"规划 2021 年度教育部重点课题"五育融合视域下小初高一体化美育课程体系建构及实施策略研究（批准号 DLA210382）"研究成果

● 厦门英才学校"以美融通五育一体化育人体系"之美育课程系列

福建卷

非遗里的中国智慧

主编 钱初熹 朱黎兵

初中分册

厦门大学出版社
XIAMEN UNIVERSITY PRESS
国家一级出版社
全国百佳图书出版单位

图书在版编目（CIP）数据

非遗里的中国智慧. 福建卷. 初中分册 / 钱初熹，朱黎兵主编. -- 厦门：厦门大学出版社，2025.3.
ISBN 978-7-5615-9490-2

Ⅰ. G122

中国国家版本馆 CIP 数据核字第 2025RW9862 号

责任编辑	郑　丹
美术编辑	李嘉彬
技术编辑	许克华

出版发行　厦门大学出版社

社　　址　厦门市软件园二期望海路 39 号
邮政编码　361008
总　　机　0592-2181111　0592-2181406（传真）
营销中心　0592-2184458　0592-2181365
网　　址　http://www.xmupress.com
邮　　箱　xmup@xmupress.com
印　　刷　厦门集大印刷有限公司

开本　889 mm×1 194 mm　1/16
印张　36.25
插页　2
字数　988 千字
版次　2025 年 3 月第 1 版
印次　2025 年 3 月第 1 次印刷
定价　168.00 元（全 5 册）

本书如有印装质量问题请直接寄承印厂调换

厦门大学出版社
微信二维码

厦门大学出版社
微博二维码

目录

衣 / 1

寻秘惠安女服饰
（欣赏·评述单元）……………………… 3
（创意·表现单元）……………………… 9

食 / 15

走进闽南茶记忆
（欣赏·评述单元）……………………… 17
（创意·表现单元）……………………… 27

住 / 35

寻踪古建筑
（欣赏·评述单元）……………………… 37
（创意·表现单元）……………………… 51

行 / 55

"行"之工匠——"海丝"遗迹
（欣赏·评述单元）……………………… 57
（创意·表现单元）……………………… 67

衣

福建篇

非遗里的
中国智慧

FEIYILI DE
ZHONGGUO
ZHIHUI

初中分册

寻秘惠安女服饰

（欣赏·评述单元）

❀ 单元情境

美术课上，有同学提出："老师，为什么学惠安女服饰啊！这也太老土了吧？这都是我爷爷奶奶年轻时流行的东西了，我看不出有什么好，更看不出有什么美！"惠安女服饰真的很老土吗？惠安女的服饰与我们的日常生活有何联系？惠安女服饰历经长久的发展，形成了哪些独特美感特征？

❀ 单元目标

· 能知道：惠安女服饰的演变；惠安女服饰总体造型特征和不同部分的设计特点。

· 能理解：惠安女服饰的造型特点与功能；惠安女服饰细节的设计元素与自然的联系。

· 能做到：发现不同时期惠安女服饰的特点；欣赏惠安女服饰的细节设计，感受惠安女服饰的魅力。

❀ 单元评价

类型	认识惠安女服饰	欣赏惠安女服饰魅力	感悟惠安女生活智慧
自测			
辨析			
讨论			

❀ 单元任务

· 认识不同时期惠安女服饰的特征及与当时社会生活的联系，并将学习收获以视觉笔记的形式呈现。

· 围绕惠安女自成体系的服装造型与色彩审美展开探讨，理解惠安女服饰蕴含的中国智慧，更好地保护与传承民间艺术。

❀ 中国智慧

吃苦耐劳、惜物勤俭、师法自然、因地制宜

第1课时 寻根溯源
——惠安女服饰的造型美

学习目标

◎ 了解不同时期惠安女服饰的特点。
◎ 了解惠安女服饰的变迁历史。
◎ 认识惠安女服饰的造型特点与功能。

了解惠安女服饰

你是否听过"爱拼才会赢"？这句话来自中国东南沿海的一个省份，它是历史上海上丝绸之路、郑和下西洋的起点，也是海上商贸集散地——福建。作为沿海城市，向海图强、勤劳耐苦是福建人根植在基因里的精神品质。其中，福建惠安女以其勤劳的精神、独特的服饰闻名于世。

惠安女服饰这种趋于消失的服饰艺术与民俗文化，具有极其宝贵的历史、文化和艺术价值，对其进行保护和传承已刻不容缓。

加油站

请查阅资料，了解惠安女服饰的历史文化。

惠安县博物馆，是集文物收藏、保护管理和宣传教育为一体的综合性文物保护机构，其中有惠安女服饰民俗陈列馆、惠安石雕陈列室、历史文物陈列室。同学们若有机会可参观博物馆，以更好地了解、贴近惠安文化。

巾帼服饰中的一朵奇葩

惠安女服饰的整体样式定型于唐朝,至宋代渐趋成熟,到了明末清初,有了比较明显的变化。20世纪初,随着文化生活和审美视野的逐渐开阔,惠安女服饰不断发展完善,成为一种极具区域特征的服饰民俗文化现象。

20世纪30年代　　20世纪30—40年代　　20世纪40—60年代　　20世纪80—90年代　　21世纪后

惠安女不同时期的服饰造型各有特色。你能观察出区别吗?

为什么到20世纪40—60年代,惠安女的上衣就变短了?袖口也收窄了?这蕴含了什么生活智慧呢?

绘制视觉笔记

经过对惠安女服饰进行观察、小组讨论以及查阅资料,大家对惠安女服饰应该有很多疑问,也一一找到了答案。现在将你学习到的新知识以视觉笔记的形式记录下来吧!

什么是视觉笔记?

简单来说就是把看到的、听到的或者想到的内容,输出为图像和文字结合的可视化内容。

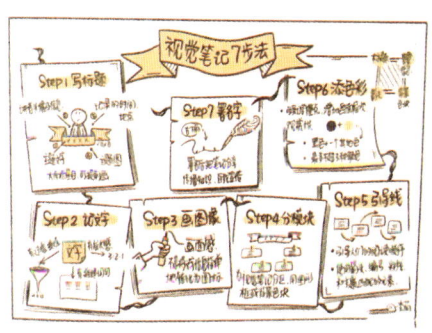

惠安女服饰是中华传统文化的瑰宝,还有很多知识值得我们探索。

评一评
- 我能说出不同时期惠安女服饰的特征,并讲述原因。
- 我能够通过欣赏,理解惠安女服饰蕴含的生活智慧。
- 我能够运用视觉笔记的形式,较好地呈现学习成果。

第2课时

浮光掠影
——惠安女服饰的生活美

 学习目标

◎ 了解惠安女服饰总体造型特征和不同部分的设计特点。
◎ 了解惠安女服饰细节的设计元素与自然的联系。
◎ 欣赏惠安女服饰的细节设计,感受惠安女服饰的魅力。

"节约衣,浪费裤"是外界对惠安女服饰的夸张描述。那么,惠安女服饰到底是什么样的?它的美体现在哪里呢?让我们一起来了解一下吧!

请收集材料,观察并思考:
惠安女服饰包含哪些部分?分别有什么造型特点呢?

惠安女服饰的特异性是在百越文化、中原文化和海洋文化等多种文化互相冲击、融合的过程中不断演绎而形成的。

请小组合作,把你们找到的特征记录下来吧!

服装部分	斗笠	头巾	上衣	长裤	首饰
造型特点					

鉴赏惠安女服饰

上衣已由大裾衫、接袖衫逐渐演变为缀做衫、节约衫。

裤子有大折裤、黑丝绸裤、黑布裤、蓝布裤等。

饰物则包括百褶裙、贴背和裯裯、腰巾、袖套、腰带及小竹篮等。

发型有未婚和已婚的严格区别。已婚又有盛装发型和便装发型之分。原先繁缛浓重的大头髻（埔缀髻）现改为圆头、双髻头和螺棕头、目镜头髻、贝只髻。

头饰和首饰有黄斗笠、花头巾、银手镯、金戒指等。

鞋则有凤冠鞋、踩轿鞋及拖鞋。

惠安女的服饰包括上衣、裤、饰物及发型、首饰。

黄斗笠

贴背

节约衫

小竹篮

踩轿鞋

银腰链

袖套

大折裤

造型与细节

由于生活所需，惠安女服饰的造型发生了变化，许多细节处的设计，不仅节约了成本，也是惠安女适应自然变化的生活智慧的体现。

可拆卸、替换的领围

低成本、美观的塑料花

惠安女的服饰色彩与自然有何联系？为什么？

惠安女服饰的造型带给你怎样的感受？

评一评
- 我能说出惠安女服饰的造型特点，能分辨惠安女服饰的款式。
- 通过学习，我能感受到惠安女服饰中的生活智慧。
- 我能感悟到惠安女服饰的造型巧思。

寻秘惠安女服饰

（创意·表现单元）

❋ 单元情境

厦门英才学校初一学习小组前往惠安想要了解惠安女服饰,但发现历史上少有文人对其加以记载。

自改革开放以来,随着经济、文化的发展,大量惠安女外出经商、求学,带来了新的文化生活信息,使得惠安女服饰赖以生存的环境发生了较大改变,现如今越来越多的惠安女只有在重要节日才会穿着传统服饰。为了让学习小组的同学们更好地了解惠安女服饰中蕴含的中国智慧,感受海洋文化的魅力,我们该怎么做呢?

❋ 单元目标

· 能知道惠安女服饰中的生活智慧和造型细节,体会惠安女服饰的独特性。

· 能做到用线条、形状、色彩等基本造型元素设计惠安女服饰纹样。

· 能理解惠安女服饰中的文化传承和创新精神,提高保护惠安女服饰文化的意识和自觉性。

❋ 单元评价

类型	感悟惠安女	设计惠安女服饰	创造惠安女服饰
设计			
绘画			
实践			

❋ 单元任务

· 在对惠安女服饰再设计的过程中,了解其服饰文化,辨析惠安女服饰的特点与设计理念,理解惠安女服饰中蕴含的中国智慧。

· 参与"小小设计师"活动,与小伙伴分享惠安女服饰中蕴含的古老智慧与现代风情。

❋ 中国智慧

吃苦耐劳、惜物勤俭、师法自然、因地制宜

第1课时 别具匠心
——服饰中的植物纹样

学习目标
◎ 认识惠安女服饰纹样的样式。
◎ 体悟服饰纹样的造型特征及其与日常生活的联系。
◎ 理解惠安女服饰纹样中蕴含的人文内涵与现实价值。

了解惠安女服饰纹样

花头巾的花卉种类主要有梅花、菊花、月季花、茉莉花、素馨花、含笑花、粗糠花等，种类繁多，形态各异。其表现形式以写生花卉图案为主，对各花种的形态的写实造型进行单纯化、平面化处理，使花卉具有装饰美感，形成自然花卉形象素材。再运用数码印花的手法，在平面的布料上展现写生的自然花卉形象。戴上头巾时会在需要固定的地方缀上大小不同、式样各异的塑料花，将头巾折成三角形包系头上，有挡风防沙、御寒保暖和保护发型的作用，更能修饰脸型。

惠安女头巾纹样

知识窗

· 花头巾的来历

从史料记载来看，清末至民国，惠安女都是装扮"大头簪"、"目镜头"、"螺棕头"和"圆头"等复杂头饰，出门在外，为避免异性见到自己的脸，有的惠安女会戴上黑色绉纱巾遮脸。

而20世纪50年代后，伴随社会生活的变化，传统头饰越来越被简化。黄斗笠和花头巾在1958年建设惠女水库的劳动过程中悄然兴起。为劳动方便，妇女们放弃了绉纱巾而代之以花头巾。惠安女的花头巾既实用又美观。惠安女临海劳作时，头巾和斗笠可抵御风沙扑面。从美学的角度看，花头巾还可以修饰脸型，戴上头巾的惠安女都变成清一色的瓜子脸。

10

 请说一说惠安女头巾纹样的构图特点。

⊙ **二方连续式**

运用一个单位纹样，进行上下或左右两个方向的反复连续排列。多用于日用器包装设计等。

⊙ **四方连续式**

运用一个单位纹样，进行上下左右四个方向的连续排列，即单位纹样能够四面无限连续延伸，多用于服装及装饰面料中。

惠安女头巾纹样

➤ **服饰纹样造型**

惠安女服饰纹样的造型结构有着非常丰富、鲜明的艺术特征。为了满足自己的需求和表达对美好生活的向往，惠安女在生活中会把复杂的形象简单化并赋予其新的变化：借用象征、谐音和比拟的手法，从复杂的图样中提取精华的部分，通过丰富的想象，巧妙地对图案进行构思和设计，形成简单、有地域风格，又有寓意的纹样。

➤ **服饰纹样的选择与应用**

纹样用于腰巾、头巾、装饰之中。

想一想

在惠安女服饰的纹样中，如何通过线与面的构成体现惠安女服饰的设计智慧与文化特色？

在这些纹样中，图形构图排列以大小对称、小自由的形式为主，纹样色彩大多红艳热烈。纹样内容以动物纹样、植物纹样和几何纹样为主。惠安女服饰中的装饰纹样与传统元素、自然形象结合起来，具有更深层次的寓意。

➡ 近代服饰纹样的文化寓意

从内涵上看，惠安女近代服饰纹绣大多含有一种潜在的祈吉纳祥的象征寓意。惠安女通过不同题材的造型表现，运用谐音、象征等手法，表达她们对美好生活的憧憬，对吉祥与幸福的渴求，对子嗣绵延的企盼和祝福。她们把自然界的美加以艺术提炼概括，并别出心裁地利用自然物体的属性和寓意等特点表达人们的一种特殊的心理感受。惠安女用以人物和植物组合为主要内容的"双人抬轿"刺绣图案比喻婚姻的幸福。祈吉纳祥的多种象征寓意和吉祥含义体现了惠安女独特的审美心理和对真、善、美的完满追求。

➡ 植物纹样再设计

绣花腰巾的刺绣纹样以植物纹、几何纹居多，基本都是黑底彩绣，色彩稳重大方。

试一试

根据惠安县的地理环境、人文风貌以及服饰特色，通过小组学习和探究学习等学习方式鉴赏惠安女服饰，设计更符合惠安文化的纹样，总结惠安女服饰中纹样的智慧与艺术特色并在学习小组中分享。

评一评

- 我能理解惠安女纹样的特点。
- 我能运用设计方法设计惠安女服饰纹样。

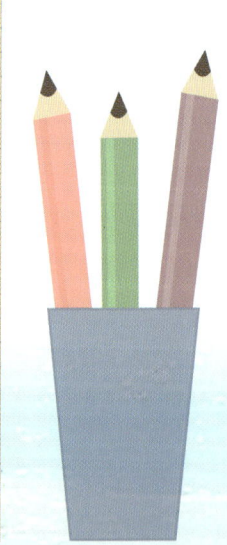

第2课时 创意无限
——惠安元素的再设计

厦门英才学校的小伙伴们：

我是惠安姑娘小美，我的母亲说我们这里的惠安女服饰只有在重要节日才穿，而我特别喜欢惠安女服饰，你们能帮我设计出一款日常的包含惠安元素的服饰吗？

任务

经过实地考察，我们发现受商品经济大潮的冲击和现代化进程的影响，这些富有浓郁地方特色和美感的惠安女服饰遭遇了现代流行服饰的有力挑战。现在大多数惠安女不能坦然地穿着传统服装进城，35岁以下的惠安女几乎不穿传统服饰了。长此以往，其结果必然是：惠安女服饰将会在不远的将来消失，惠安女将作为我们镜头中的亮丽风景保留在胶片中。这对福建旅游资源和中国服饰文化来说都是很大的损失。因此，我们必须采取行动，保护这一特色旅游资源和服饰文化。这节课就让我们根据惠安元素设计一套符合现代审美的服装吧！

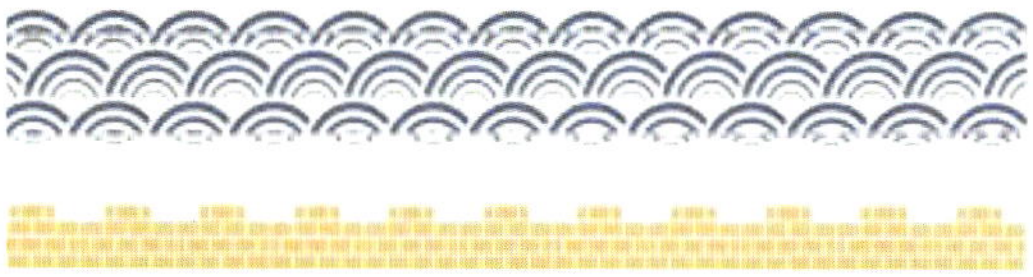

我们已经了解了惠安女服饰的植物纹样元素，让我们一起来设计现代服饰吧。

←今天的惠安女服饰中的纹样沿用的仍然是传统的植物纹样与几何纹样

纵观惠安女服饰的传承，它是随时代的发展不断变化的。惠安女服饰只有适应时代的发展，与社会一同前进，方有可能焕发新的生命力。

惠安女服饰的创新与再设计

为了使富有特色的惠安女服饰得以传承和发展，就必须对传统服饰进行适当改良，以适应现代服装潮流。我们可以在保留传统服饰精髓的基础上，结合现代人的审美理念，设计出若干款不仅具有传统服饰特点，而且符合现代服装潮流，适合各种行业穿着的现代惠安女服饰。

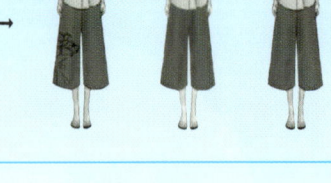

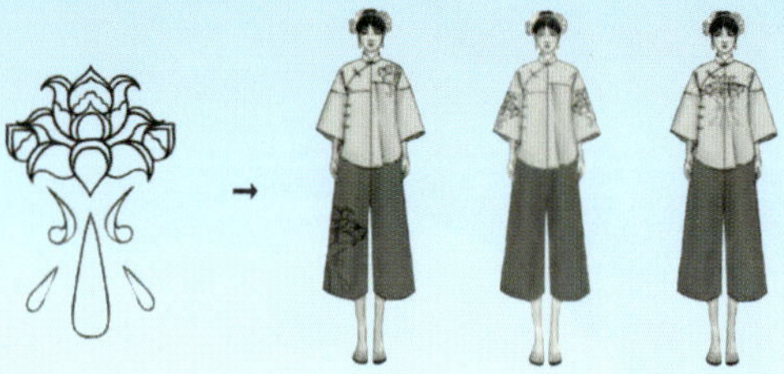

詹国平，男，惠安女服饰省级非遗代表性传承人。能制作传统的惠安女服饰及改良服饰。履行着作为代表性传承人的责任和义务。

文化衍生

保留现有的元素、纹样、色彩以及文化内涵，最大化传承现有的一切要素，设计之初就始终将共生、谦和、不破坏、不标新立异这些理念作为策略牢牢把握。

设计手稿内容

手稿内容需包含：
① 服装款式图　② 纹样设计图
③ 服装配色图　④ 服装效果图
⑤ 设计说明

如下图设计：

服装设计案例

试一试，再设计一件新式惠安女特色服饰吧。设计完记得和大家分享！

- 我能辨析惠安女服饰与现代服饰的异同。
- 我能运用设计方法设计新式惠安女服饰。

评一评

食

非遗里的中国智慧

FEIYILI DE ZHONGGUO ZHIHUI

福建篇

初中分册

走进闽南茶记忆

（欣赏·评述单元）

🍀 单元情境

　　一杯茶汤，连接着闽南人世世代代的山水人情，在时代更迭下映照着闽南的烟火人间。如今，传统闽南茶文化与饮食文化、现代文明不断结合新生，呈现出丰富多元的茶文化体系，这个单元让我们寻迹铁观音，鉴赏茶席陈设，品味舌尖茶点，学习包装设计，在多感官的触动下走进关于闽南的茶记忆。

🍀 单元目标

　　能知道：安溪铁观音的特点、茶席的构成、茶点的搭配、包装设计的基本要素。

　　能做到：多角度辨析茶叶；通过鉴赏法欣赏茶席之美；均衡搭配茶点；对茶产品包装进行分析与构思。

　　能理解：闽南茶文化的独特魅力；茶道文化的人文精神；茶点搭配的均衡智慧；茶叶包装传递出的故土情怀。

🍀 单元任务

　　认识安溪铁观音，了解其产地、基本形态和特征，发掘其特有魅力。

　　学习茶席构成，通过费尔德曼四步鉴赏法赏析茶席之美，理解茶点搭配的均衡智慧。

　　学习构成茶产品包装的基本要素，掌握基本设计方法，感悟包装设计情怀。

🍀 单元评价

评价类型	认识茶叶	欣赏茶席	搭配茶点	分析包装
自测				
辨析				
讨论				

🍀 中国智慧

品茶论道、形意相生、返璞归真

第1课时

清香滋味
——寻迹铁观音

铁观音，属于乌龙茶类，中国十大名茶之一。出产于福建闽南地区安溪县，这里群山环绕，峰峦叠翠，年平均气温在22 ℃，土层深厚，特别适合茶树的生长。

福建安溪茶山

铁观音

铁观音植株为灌木型，枝叶斜生，叶缘尺疏而钝，叶面隆起具明显肋骨形，略向背面反卷，叶肉肥厚，叶色光润，叶尖端稍凹，向左稍歪，略往下垂，嫩芽紫红色，因此有"红芽歪尾桃"之称。

《茶经》有云："上者生烂石，中者生砾壤，下者生黄土。"安溪当地又像石又像土的风化土壤为铁观音的生长提供了优质条件。而对于采摘，当地茶农们更是只选取中小开面的鲜叶，叶质肥厚而不粗，最宜制茶做青。

铁观音

铁观音属青茶类，即乌龙茶类，兼有红茶之甘醇与绿茶之清香。作为半发酵茶类，铁观音独具"观音韵"，清香雅韵，"七泡余香溪月露，满心喜乐岭云涛"。

铁观音

茶叶制作

闽南地区除以安溪铁观音为代表的青茶外,还产有泉港涂岭红茶以及南安石亭绿茶。

中国六大茶

中国六大茶类是按照发酵程度来区分的。发酵程度由高到低分别是:黑茶、红茶、青茶(乌龙茶)、黄茶、白茶和绿茶。

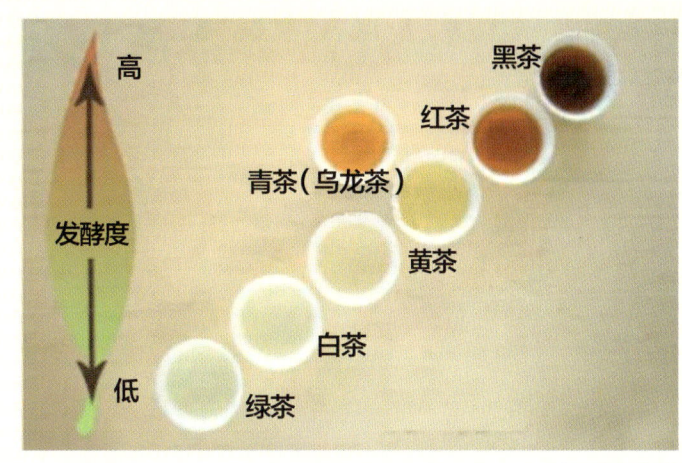

黑茶(性温醇滑)

红茶(性温甜醇)

青茶(性平香醇)

黄茶(性寒鲜醇)

白茶(性寒清甜)

绿茶(性寒鲜爽)

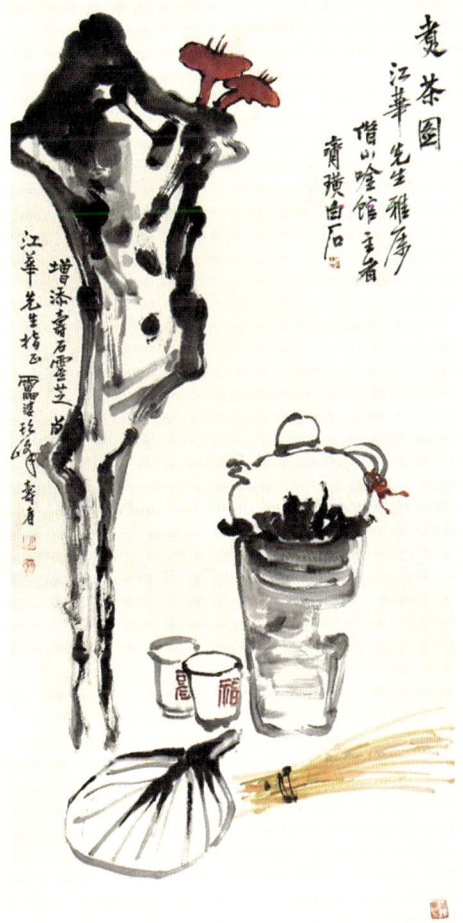
《煮茶图》 齐白石

以小组为单位品茶,说说铁观音和其他茶在色、香、味方面的区别在哪里,并以思维导图的形式记录下来吧。

茶叶的生命分为两部分:一即长在树梢之时,二即泡在杯中之刻。茶叶经过人为发酵,在杯中泡开之时达成了生命的再现。

19

第2课时 品茶论道
——鉴赏茶席陈设

在茶道艺术中，如果说茶是灵魂，那么茶席就是灵魂的承托者。闽南茶室中多见别致精美的茶席，其作为一种装置艺术，以有形的茶、茶器等物态表达人的思想与情感，传递无形的茶道之美和茶道精神。

茶席的设计往往具有以下基本构成元素：茶品、茶具组合、铺垫、插花、挂画、相关工艺品、茶点茶果、背景。

描 述	客观地描述作品中直接能观察到的内容。
分 析	从构图、色彩、空间等形式语言方面对对象做进一步细致的分析。
解 释	对作品整体呈现的主题和意义进行探讨。
评 价	从个人的情感角度对作品做出主观评价，从社会意义角度对作品做出客观评价。

知识窗

当我们对茶席进行鉴赏评述时，可以借助费尔德曼四步鉴赏法，即通过描述—分析—解释—评价四个步骤对欣赏对象进行具体分析。

茶席

欣赏茶席

让我们来看一看如何运用费尔德曼四步鉴赏法来欣赏这组茶席设计吧!

描述 上图的茶席由茶品、茶壶、茶杯、插花、铺垫、茶点和背景元素构成了其基本内容。

分析 在构图上,茶席的主体对象摆放集中但又错落有致,高度上的差异用寥寥几根茎叶巧妙联系,形成了类三角形的中心构图。在色彩上,本组茶席以棕色调为主,并在其中辅以牙白、淡粉、绛紫、浅碧等色彩,具有微妙的变化。

解释 通过色彩的搭配、质感的对比和形态的组合,整组茶席中花、草、茶、物的关系达成了和谐与统一,蕴含着茶道自然天成、超凡脱俗的意味,具有浓郁的人文气息。

评价 茶席,不仅是品茶的场所,更是一种融合了实用与美学的艺术,能反映主人的心绪和审美,也能创造慢生活。一块低调而质朴的茶席,能包容万物,让茶人在专注行茶中沉淀心绪,感受一杯茶汤的色香味,享受片刻的宁静与愉悦。

评一评

茶席随着人们的品茶习惯和用茶方式不断推陈出新,却始终散发出隽永的审美情趣和文化意味。

请你选择一组茶席,试着运用费尔德曼四步鉴赏法来进行欣赏评述。

第3课时 好客之道
——品味舌尖茶点

茶点

茶点是在饮茶过程中发展起来的一类点心。茶点精致美观，口味多样，形小，量少，品种丰富。

闽南地区悠久的茶文化历史孕育了茶与茶点的搭配艺术。

茶点之用

1 待客礼仪

以茶待客，以茶点佐茶方显礼貌周全。

2 增益茶味

通过茶点的搭配使得饮茶口感得到中和。

3 缓解茶醉

空腹喝茶易使肠胃不适，进食适量的茶点可以减少刺激。

茶点搭配

茶与茶点的搭配流传着"生配甜，熟配咸，红配酸，白配淡，瓜子配乌龙"的口诀。而随着现代人口味的变化，茶与茶点的搭配方式也越来越多样。

龙须酥，外观洁白绵密，细如龙须，是中国民间传统特色小吃，口感酥甜，宜搭配黄茶、白茶等口味清淡的茶类享用，增添口感层次。

永泰李干，口味酸甜，果香清新，作为一款老少皆宜的蜜饯最宜与浓郁饱满的红茶搭配，一起享用时会产生酸甜香醇的口感。

白皮饼，外皮白，馅料棕黄，饼皮一层紧扣一层，层次丰富，最宜搭配乌龙茶一同食用，回味无穷。

枣花酥，形似枣花，白色酥皮包裹着红色枣泥，咬一口绵密沁甜。枣花酥最宜搭配口味清新的绿茶一同享用，使得茶香与枣泥香相得益彰。

黑芝麻椒盐酥，表面铺有满满一层黑芝麻，外表酥脆，内里咸甜可口，茶味醇厚的黑茶与其搭配更显滋味饱满，层次丰富。

品味几种特色茶点，以手账的形式图文结合地记录茶点吧。

第4课时 故园情思
——土特产包装设计

茶产品作为千百年来祖辈留存的珍贵文化遗产，富含深厚的文化底蕴与故土情怀。茶叶、茶席、茶点……丰富多样的闽南茶产品经过一系列的生产包装，销往全国各地甚至海外，深受人们的喜爱。

茶点包装

茶叶包装

茶具包装

一款好的包装设计往往兼具美观与实用的功能。你更欣赏哪一款茶产品包装设计？说说你的理由。

茶叶包装

知识窗

茶产品包装设计需要在有利于茶产品保存运输的基础上，传递茶文化的特色美与精神内涵，将茶文化的价值最大化。

包装设计的基本要素

- **材质**：保护产品　便于运输和携带
- **文字**：展示信息　突出内容和品牌
- **环保**：保护环境　无害可再生利用
- **色彩**：传递文化　反映产品和地域特色
- **图案**：美化产品　多使用象征性纹样

包装结构

结构设计

包装的结构设计看似简单，实际需要协调多种要素，遵循科学性原则、可靠性原则、创新性原则、宜人原则以及绿色原则。

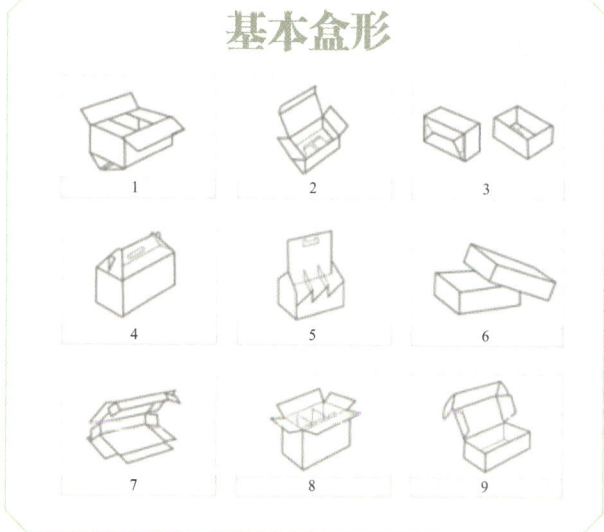

基本盒形

安溪铁观音

泉港涂岭红茶

漳州白皮饼

选择一款茶产品，尝试着为它设计包装吧！

走进闽南茶记忆

（创意·表现单元）

🍀 单元情境

关于闽南的茶记忆，深藏在每个闽南人的心底，牵动着故土情思，遥系着过往与今朝。如何将这份记忆与情感传递给更多的人？这一单元，让我们发挥想象力与创造力，为闽南茶产品进行包装设计，在纸艺体验中呈现艺术茶席，以艺传情，在实践中传递茶文化之美。

🍀 单元目标

能知道：包装设计的基本要素，包装的图案设计；茶席的基本构成，茶席形式之美。

能做到：对茶产品进行创意包装设计，制作纸艺茶壶，设计具有美感的茶席。

能理解：闽南茶文化的独特魅力，包装传递的故土情怀，茶艺之美。

🍀 单元任务

选择一款闽南茶产品，为其设计一款合适且具有新意的包装。

学习纸艺茶壶制作，并为其搭配具有创意的茶文化图案和诗歌。

尝试为纸艺茶壶搭配制作茶具、茶点和茶花，形成一组完整的纸艺茶席。

🍀 单元评价

评价类型	包装设计	茶壶制作	茶席制作
自评			
他评			
教师评价			

🍀 中国智慧

品茶论道、形意相生、返璞归真

第1课时

乡韵悠长
——设计茶产品包装

学习了包装设计的相关知识后，让我们一起动手设计一款茶产品包装吧！

茶产品包装设计

活动名称：茶产品包装设计
适合年级：初中学段
创作类型：色彩
准备材料：马克笔、铅笔、白纸
活动时长：40分钟

1. 准备活动材料

2. 用铅笔勾勒出包装的大致外形

3. 根据产品特征进行图案设计

> 设计图案时可以试着运用概括、夸张和变形的手法。

4. 进行茶产品包装的文字设计

5

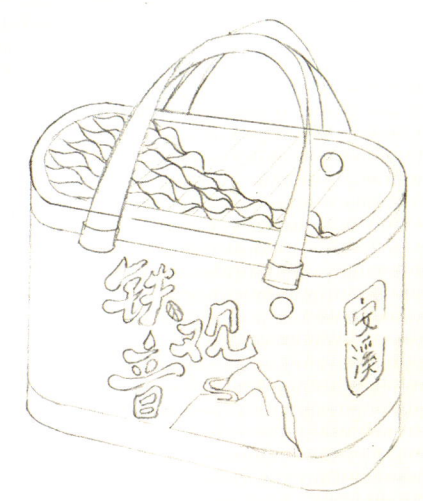

完善局部和细节，完成铅笔稿

6

用马克笔给主体文字和图案上色

7

上色时注意色彩搭配协调统一

8

设计联想

在竹编手提篮的外形上，以棕色作为主体色更显古朴雅致。包装上方以茶叶外形重叠构成一座茶山，营造"风起浪千层"的氛围。

上色完成

纸艺体验
——制作手工茶席（一）

第2课时

让我们结合茶文化的相关元素，手工制作一个灯笼茶壶吧！

手工灯笼茶壶制作

活动名称：手工灯笼茶壶制作
适合年级：初中学段
创作类型：综合材料
准备材料：灯笼胚、彩纸、马克笔、铅笔、剪刀、圆规、胶水
活动时长：40分钟

准备活动材料

根据灯笼的直径用圆规在彩纸上画出相应大小的圆

以圆为茶壶壶身画出壶嘴和壶把的轮廓

剪裁2份壶嘴和壶把

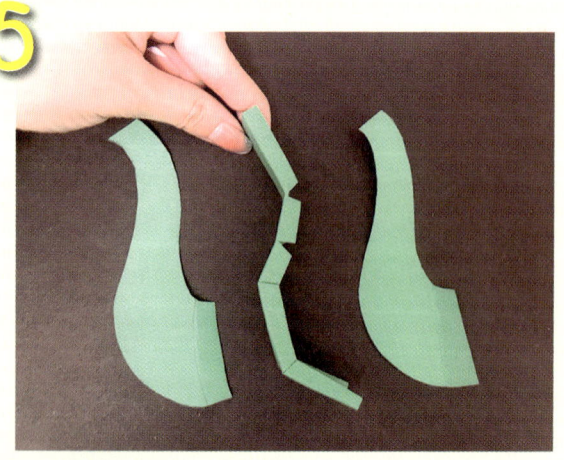

制作壶嘴的厚度，并在侧边预留用于粘贴的部分

用同样的方法制作壶把，并进行组合粘贴

7 对壶身进行茶元素图案设计

8 在彩纸上裁剪出相应的图案并进行拼贴

9 用马克笔在彩纸上书写与茶相关的词句

10 沿着文字外形进行裁剪

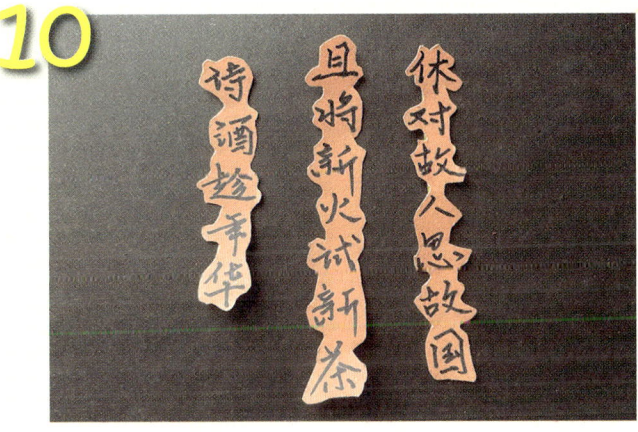

11

将拼贴装饰分别粘贴至壶身两侧，一个精致的灯笼茶壶就完成啦！

希望同学们能将茶文化和自己的美好祝愿寄托于这个小小的茶壶之中哦。

第3课时　纸艺体验
——制作手工茶席（二）

让我们像设计师一样为上一课制作的灯笼茶壶搭配制作一套合适的茶席吧！

手工纸艺茶席制作

活动名称：手工纸艺茶席制作
适合年级：初中学段
创作类型：综合材料
准备材料：彩纸、铅笔、剪刀、双面胶
活动时长：40分钟

准备活动材料

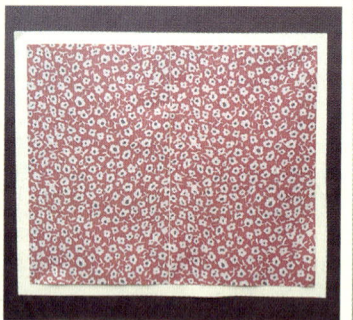

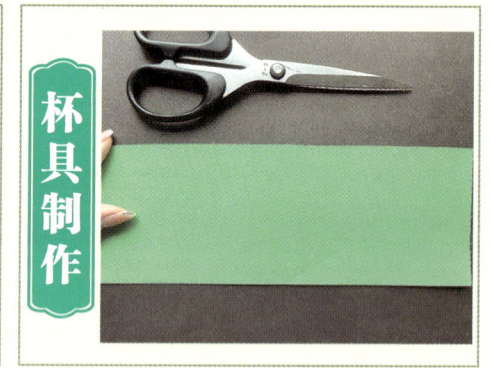

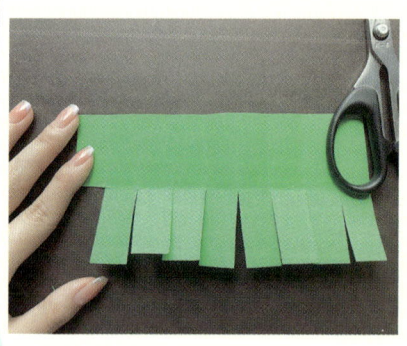

铺垫制作

杯具制作

对折 — 均分9份 — 裁剪 — 粘贴

红色和绿色作为互补色搭配在一起会更显眼哦。

茶点制作

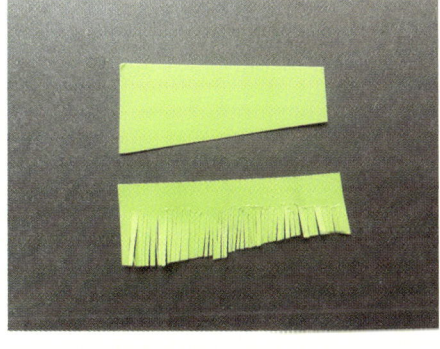

松叶制作

绘制 — 剪裁 — 粘贴

一端剪裁成穗状 — 一端贴胶带揉卷 — 整理外形 — 重复成组

整组茶席色彩浓郁鲜艳，搭配小白花营造出清新氛围。

组合搭配

通过这堂课的学习，相信你一定感受到了茶席搭配的独特魅力。

住

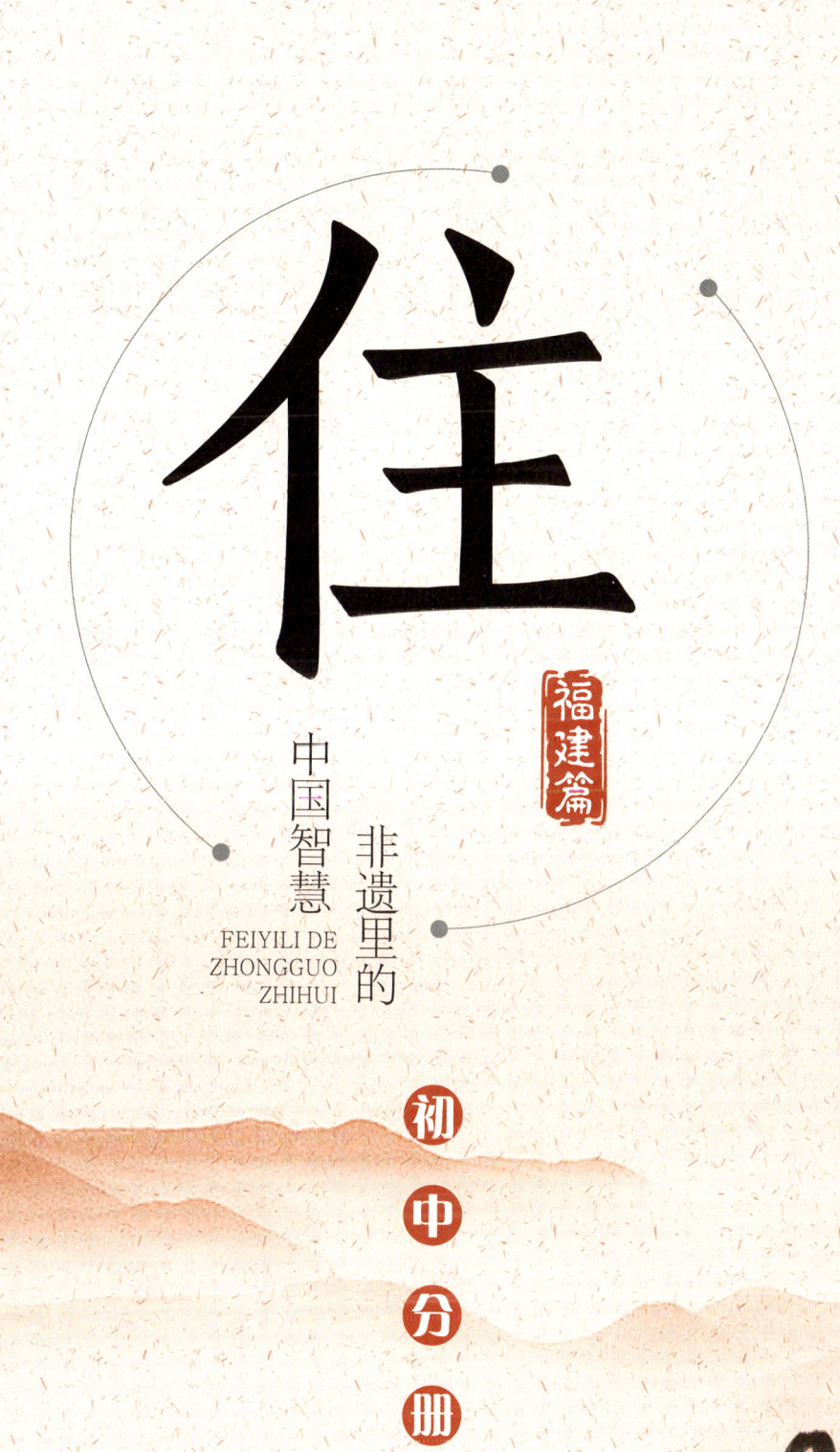

福建篇

非遗里的中国智慧

FEIYILI DE ZHONGGUO ZHIHUI

初中分册

寻踪古建筑

（欣赏·评述单元）

❀ 单元情境

许多来自其他国家的小伙伴写信表示自己国家的某些建筑与中国闽南建筑有相似之处，对于中国文化产生了浓厚的兴趣，可是身处异国的他们目前无法来到中国厦门感受学习，他们希望中国的小伙伴们能向他们介绍闽南建筑蕴含的古老智慧与现代风情。

为了让国外的小伙伴领略闽南建筑蕴含的中国智慧，感受中国文化的魅力，我们该怎么做呢？

❀ 单元目标

能知道：了解闽西南建筑中的特色建造工艺。
能做到：运用至少3种的方法欣赏建筑，围绕建筑进行调研和创作活动。
能理解：至少3种建筑所蕴含的智慧。

❀ 单元评价

了解建筑的类型、材料使用、营造技艺和空间布局，能运用不同的方法欣赏闽西南建筑，辨析中外交流形成的文化交融现象，理解建筑中所蕴含的中国智慧。

❀ 单元任务

学习运用欣赏方法来鉴赏古建筑，在欣赏的过程中以建筑的视觉笔记、修复卡片、微信公众号文章和模型制作的方式向外国小伙伴分享建筑蕴含的中国智慧。

❀ 中国智慧

因地制宜、守正创新

第 1 课时

闽韵流芳
——千年古厝承记忆

厦门英才学校的小伙伴们：

我是来自荷兰一所中学的 Anna，我发现我们当地的红砖建筑与你们那的古厝很相似。你能跟我讲讲你们那的红砖古厝吗？

任务一

◎ 基于建筑材料，对比欣赏闽南红砖古厝与荷兰红砖建筑。
关键词：环境智慧、因地制宜

闽南红砖古厝

荷兰红砖建筑

闽南红砖古厝与荷兰红砖建筑有着相似的"砖红"，却有着不一样的故事。

🌸 历史

闽南红砖古厝

红砖的使用在中国源远流长，根据考古学发现，闽南地域在东晋（317年—420年）以前就已使用红砖。

荷兰红砖建筑

从1642年开始，虽然荷兰很多城市还存留木屋，但建筑的主流形式已经是红砖房了。

你知道为什么闽南与荷兰当地都纷纷使用红砖吗？

🌸 地理

闽南

亚热带海洋性季风气候，临近海洋，炎热多雨，年平均降雨量约为1200毫米。

荷兰

海洋性温带阔叶林气候，临近海洋，年平均降雨量约为760毫米。

沿海地区建筑所用材料容易受潮，且易被海风腐蚀。而烧制后的红砖的吸水性能好，可防潮隔水；红砖铺地，能隔离地下水汽，不易受潮。因此，中国闽南地区民居与荷兰的居民不约而同地就地取材，烧制红砖。

红砖色彩

厦门现存最大红砖厝村落：翔安东园

荷兰红砖建筑：贝尔拉格展览馆

砖作的智慧

在闽南地区，"烟炙砖"在烧制过程中，砖坯之间没有压住的位置经松木烟熏而形成灰色或黑色斜纹，造就了独特的红砖色彩，给人以对比之美。

荷兰阴湿天气较多，用红砖建筑代替木屋，建筑整体色彩与暗湿的自然环境形成鲜明对比，从而改变了建筑带来的视觉感受，提振了居民的生活热情。

由于不同地域土壤酸碱度、颗粒疏密度、铁离子与金属元素单元配比不同，所以烧制出来的红砖色彩不同。

闽南红砖古厝	荷兰红砖建筑
闽南地区处在太平洋板块和亚欧板块之间，属于环太平洋火山地震带。	荷兰位于西欧平原，不在两大火山地震带上，地震较少。

红砖之墙

"出砖入石"的智慧

闽南地区历史上多地震，导致许多房屋倒塌。因此，当地老百姓将倒塌的杂砖、杂石收集起来砌墙再利用，重建房屋，体现了变废为宝的妙思，形成了出砖入石的建筑形式。

文庄蔡公祠"出砖入石" →

砖夹石的方式使石头不易晃动，使墙体更加牢固。

砖石交错排列也从整体上烘托出建筑古朴自然的形式之美。

← 红砖白石的组合排列是独一无二的闽南建筑形式。

"一条地瓜藤"的智慧

"出砖入石"的墙面凹凸不平，砖比石凸出一条地瓜藤的宽度。这样海风侵蚀墙面时，不会使墙面凹进去。一条地瓜藤体现出建筑师傅的先见之明。

闽南红砖古厝与荷兰红砖建筑的红砖墙各自还有什么特点呢？

闽南蔡氏古民居建筑群

荷兰国立博物馆

闽南古厝中的砖雕是对我国古代建筑元素瓦当的一种传承和创新。

砖雕红白相衬的鲜明对比与中国剪纸相似，演变出不同的主题，反映出不同的思想。砖雕是闽南人民在劳动实践中，对中华民族数千年来道德伦理观念和艺术理解的一种情感式升华，同时也是闽南人热爱生活的一种表现。

传统闽南砖雕《马上富贵》

荷兰国立博物馆的红砖墙面嵌有浮雕装饰带，具有文艺复兴式的风格。

试一试

分别选择厦门红砖古厝与荷兰红砖建筑的代表建筑，以小组为单位，完成对比欣赏的视觉笔记，并向Anna分享我国红砖古厝蕴含的中国智慧。

对比维度	
厦门红砖古厝	
荷兰红砖建筑	

第 2 课时 古风遗韵
——品传统古建筑工艺

厦门英才学校的小伙伴们：

我是在马来西亚槟城长大的Penny，我的父亲说我们这里华侨建筑的主要建造技术都来源于中国，你能跟我讲讲闽南传统建筑工艺和匠师的故事吗？

任务二

◎ 了解闽南匠师，认识传统工艺在中外交流中的重要作用。

关键词：格局智慧、表达智慧

> 在菲律宾、印尼、马来西亚以及新加坡等华侨居住地都有具有闽南传统特色的建筑。

马六甲青云亭

在建筑的保护和修复中，为了保持原有建筑风貌，当地特别邀请了中国闽南地区的匠师，进口原产于闽南的材料，使用传统建筑工艺，务求保持建筑的原真性。

闽南传统民居营造技艺主要分为大木作、小木作、瓦作、砖石作、油漆作、彩画、堆剪作等工种。其中大木作是最为重要的部分，主要用于房屋主体建造方面。

❀ 木作工具的选择与应用

要把一座结实而又美观的房屋建造起来，离不开各种工具的帮助，请将以下工具与其名称和功能对应。

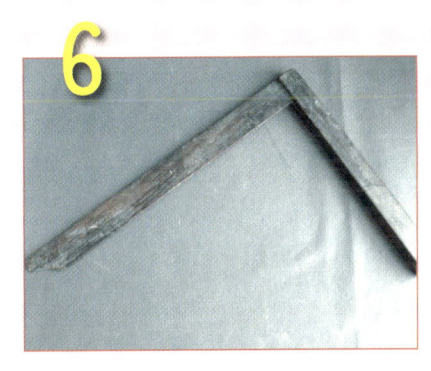

| 1 | 2 | 3 |
| 4 | 5 | 6 |

切割木材和开榫 ☐　　　　砍、削木材 ☐　　　　必备的测量工具 ☐

刨平、刨直、刨光并削薄木材 ☐　　在木材上穿孔、挖槽 ☐　　在木材表面画线定位 ☐

❀ 恪守传统又勇于创新的闽南匠师

红砖古厝以木构架作为基本的结构体系，大木匠师的角色最为重要，尤其是负责点制篙尺，被称为"执篙师傅"的大木匠。

> 采访身边的古建师傅，通过观察实物实例和研习的方式认识闽南传统民居的建造技艺，并了解当前古建技艺传承现状。

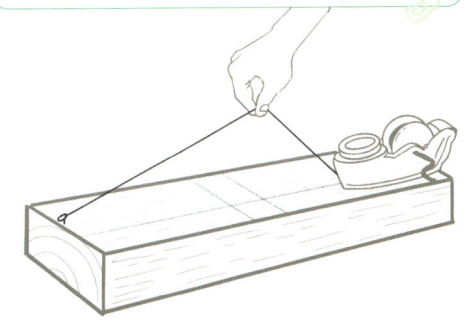

大木作构架　　　　　　　　在木头上画线做记号

🌸 木作构架：巧妙而科学地搭建

木材是中国传统建筑文化的精髓，"中国传统木结构营造技艺"入选了人类非物质文化遗产代表作名录，福建的闽南传统民居营造技艺是中国传统木结构营造技艺的重要组成部分。

红砖古厝是以木结构为主的承重结构式。木构件主要有两种结构体系：

屋顶构架： 屋顶的构架利用"举折"做法将其处理成折线形的木构架。一般采用七架，前三后四。

红砖屋顶构架示意图↓

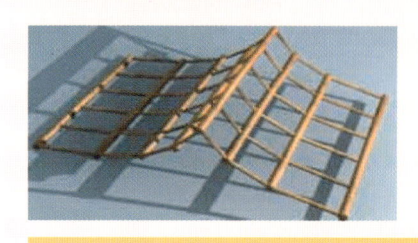

厝身构架： 构架过程中要先确定好房屋的规制，即确定房屋有几间几架，红砖古厝厅堂多为三间七架，摆放整齐的框架用梁、枋构件横向连接起来。

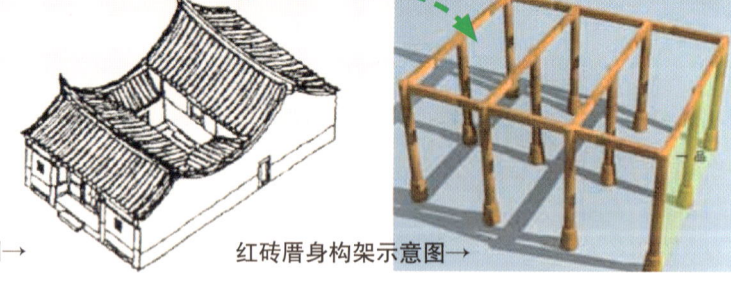

三间张古厝鸟瞰图→　　红砖厝身构架示意图→

三通五瓜五架坐梁

闽南民居的结构形式是一种被称为"坐梁式栋架"的木构架，也被称为插梁式木构架。三通五瓜五架坐梁式构架是闽南民居中最大的木构架。

"通"的长度从上到下分别是二步、四步和六步，按 2∶4∶6 的比例来建造。

> 红砖古厝中的木构架，往往并不用一钉一铁，那么它们是怎样进行连接的？

泉州洪氏大宗祠木结构（局部）→

木作修复

> 说一说依据木作病害形式如何选择合适的修复模式。

木结构建筑常见病害形式

剪面 　　　木材腐朽 　　　弯曲变形 　　　节点脱榫

古建修复模式

"修旧如旧"
寻找依据，新的也要做得旧，包括手工的手法和材料的颜色。

"微改造"
有时候为了修复得更好需要牺牲一些美观度。

"改朝换代"
将旧的拆下，重新做一个新的安上去。

跨文化的遗产保护

闽南匠师走南闯北，特别是下南洋、过台湾，留下了众多历史建筑。马来西亚槟城有一座保存极其完好的闽南宗祠，它的建筑材料都来自闽南。让我们一起走进龙山堂邱公司，欣赏传统闽南文化的建筑风格和工艺。

修缮部分：外墙体修复、主屋木结构、内部建筑、房间装修、展示布置。

马来西亚　龙山堂邱公司

建筑剖面图

在建筑的修复中，中外合作也起到重要作用。在龙山堂的修复中，文史专家和修复建筑师专程到漳州侨乡的邱氏祖居地进行实地考察，修复工程由闽南古建筑施工队与印度彩绘修复专家合作完成。

试一试

以小组为单位通过调研、访谈进一步了解闽南传统建筑工艺，尝试制作国内外具有闽南特色的传统建筑修复卡片。

第3课时 兼容并蓄
——赏闽南近代园林艺术

厦门英才学校的小伙伴们：

我是来自德国一所中学的Nansen，在德国我们有厦门风格的园林，展现了东西方文化的交融和碰撞。你能跟我讲讲闽南特色近代园林的故事吗？

任务二
◎ 了解闽南近代园林中西不同造园要素的多元融合方式。
关键词：格局智慧、表达智慧

闽南园林文化历史悠久，自成一体，随着对外交流频繁，中西文化的渗透，又形成了多元的风格。

泉州东湖

闽南山海交汇、群峰迤逦、河流绕郭的环境，为造园理水提供了自然条件，最早的闽南传统园林为建于唐朝的泉州东湖。

闽南园林注重实用，以厝为主，以园为辅，突出"家"的概念，更强调居住和生活，其形式美在于整体的规划与布局，以及元素的融入组合成丰富有序的空间乐章。

泉州　梅石山房

鼓浪屿　榕谷别墅

厦门　莲塘别墅

中式园林

这类园林大多数附属于住宅，配以自由布局的小型庭园，并以亭、榭、山石、水池、花木等组合而成，四季常青。

西式园林

园林多位于住宅前，也有个别位于住宅一侧。布局规整，植物修剪整齐，呈现出一种几何构图的形式美感。

中西折中园林

中式布局西式元件或西式布局中式元件，体现出园林主人不同的文化背景和艺术品位。

园林选址

菽庄花园位于鼓浪屿东南部，是一处私家园林。菽庄花园选址布局皆精心设计，力求再现台北板桥别墅的风貌，又具江南园林的韵致。

藏海与借山的巧思

菽庄花园地处海边，背倚日光岩。园中有海，海中有园林，相互映衬，相互烘托。在靠山的部分，通过开凿山洞增添小巧宜人的山地建筑小品。

藏海

借山

瑞士藏湖园林景观

瑞士园林专家参观菽庄花园后说："我们只有藏湖，而厦门有藏海，十分难得。"

空间营构

近代华侨园林的空间营构上体现出中西园林艺术多元共存的设计理念，既对传统园林自然山水有强烈的文化认同，又能欣赏到西方园林人工雕琢的艺术之美。

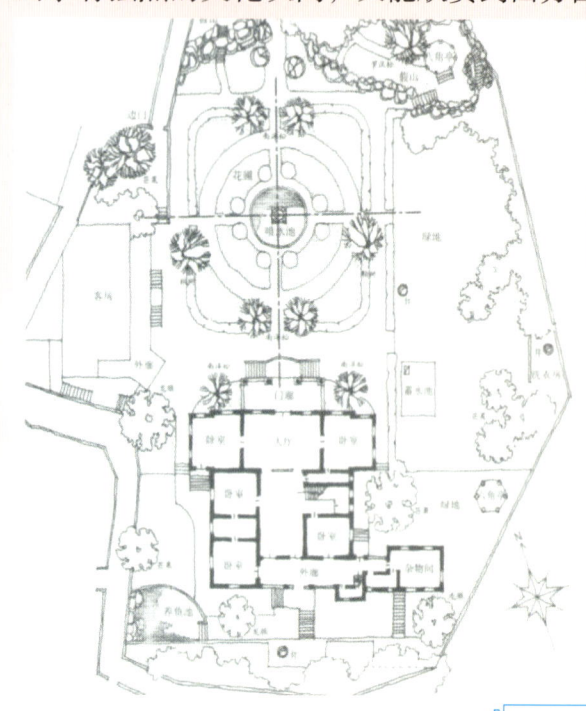

在这些华侨花园中，除了以传统园林手法营造"诗情画意"的山水意境，大多还开辟了大片的草地，几何化规则构图的西式花圃、喷泉与雕塑也融入其中，具有明确的轴线关系与秩序感。

←榕谷别墅布局规划图

想一想：中西结合的园林在空间营构中体现了哪些不同的原则？

园林布局

1. 采取中西园林布局的拼贴并置、相互借用造园要素的手法。

如黄荣远堂的中式假山居于西式花圃右侧，与花圃中心的假山障景、三层洋楼的中式亭子等形成空间上的呼应关系，为不同造园技法的直接对比与交叉运用。

黄荣远堂假山图

古檗山庄建筑

2. 在西式几何形布局中隐含中国传统空间观念。

如古檗山庄的功能布局与空间序列遵循传统墓园形制，却完全模仿西式几何形园林构图，陵园建筑也以西式洋楼为主。

闽南现代园林走向欧洲

呼应周边

厦门园在佩特里斯公园内，东侧是特里尔大学孔子学院，西北方是特里尔国家花园展区（设计师园），融入充满浓郁的自然以及人文精神的周边环境中。

←德国特里尔市（马克思的故乡）厦门园"岛屿山水阵"

尊重场地

保留现有的园路、平台、树木、绿篱以及构筑物。整个设计过程始终坚持共生、谦和、不破坏、不标新立异等理念。

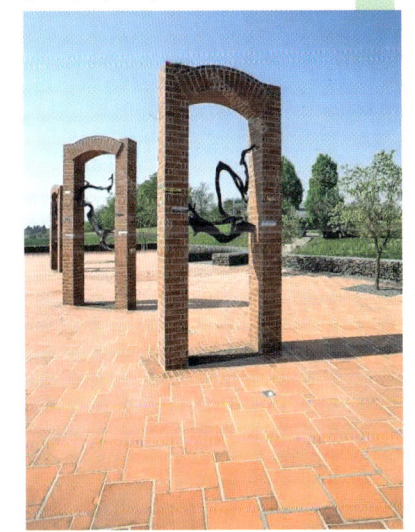

当地华侨经常在这里举办舞龙、太极、古琴、茶艺等中国传统活动，促进中西文化交流。厦门园成为展示中华传统和闽南文化的窗口。

智慧树

在当地原有平台上，结合中国传统造园框景和借景的手法，以闽南传统的手工烧制红砖砌成有闽南建筑风格的屏风。

说一说：闽南近代园林是如何体现中国园林艺术的自然美和西方园林艺术的人工美？

试一试

尝试使用模型制作的方式进行园林设计，并通过撰写微信公众号文章向 Nansen 介绍闽南近代园林的艺术特色。

寻踪古建筑
（创意·表现单元）

❀ 单元情境

走进闽南近代园林时，我们不禁发现这里既有中国传统园林之风骚，又包含西方风景园林中的造园要素，呈现出"中西合璧"的特色，从中可以窥见历史递进过程中园林艺术的发展与演变。

我们如何理解闽南近代园林的艺术表达形式和象征意蕴，从而运用身边的材料再现闽南近代园林的智慧呢？

❀ 单元目标
能知道：闽南近代园林中的艺术特色。
能做到：运用至少3种的方法欣赏园林。围绕园林进行调研并进行创作活动。
能理解：至少2种园林所蕴含的智慧。

❀ 单元评价
了解闽南近代园林的类型、艺术特色、营造技艺和空间布局，能通过不同的方法欣赏园林，辨析中外交流所形成的文化交融现象，理解建筑中所蕴含的中国智慧。

❀ 单元任务
运用欣赏方法来欣赏闽南近代园林，在此过程中了解园林建造中的艺术特色、营造技艺和空间布局，运用泥工技法等再现园林景色，并向中外小伙伴们分享厦门建筑中蕴含的中国智慧。

❀ 中国智慧
因地制宜、守正创新

第 1 课时　相地合宜
——设计园林景观

活 动

◎活动目标

回顾闽南园林的种类、基本要素和造园手法，掌握泥工技法（团、压、搓等），进行园林设计。

◎活动准备

铅画纸、铅笔、超轻黏土、黏土工具、牙签、垫板等。

活动过程

设计意图

你的草图

活动过程

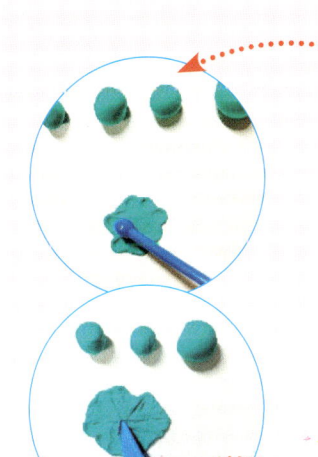

1. 构思草图 
2. 在底板上用彩色卡纸划分不同区域 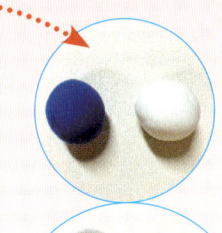 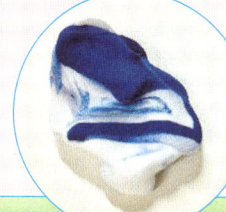 
3. 将蓝色与白色的超轻黏土混合，做出湖泊的效果 
4. 用同样的方法做出假山
5. 用工具做出荷叶并放在湖面上 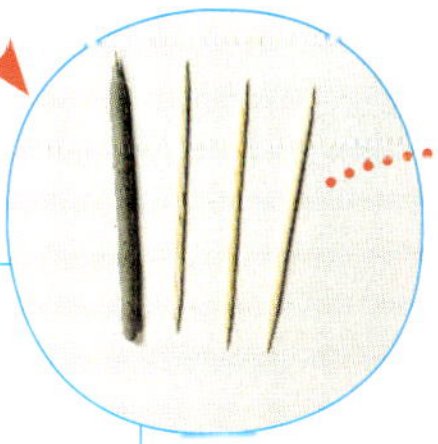
6. 利用搓、揉、捏、剪等方法制作出亭子 
7. 添加树、桥等元素，完成园林制作

作者：

作品名称：

评一评

评价项目	评价标准	等级（权重）（评价为1~5分）		
		自评	小组评	师评
知识与技能	对比欣赏闽南红砖古厝与荷兰红砖建筑 理解红砖古厝蕴含的因地制宜的智慧			
	运用对称与均衡、变化与统一等形式美原则，完成对比欣赏的视觉笔记			
	认识传统工艺在中外交流中的重要作用 理解闽西南建筑的格局与表达智慧			
	基于调研，完成建筑修复卡片			
	了解闽南近代园林中西不同造园要素的多元融合方式，理解建筑的格局智慧、表达智慧			
	利用超轻黏土，运用揉、捏、搓等技法，完成园林设计			
过程与方法	能熟练查阅资料，并展开调查研究			
	能与同学一起合作、交流与讨论			
情感、态度和价值观	课上积极参与，勇于发言			
	对课堂与身边的传统建筑感兴趣			
	欣赏能力有所提升			
	形成保护与发展古建筑的意识			
	对家乡的建筑形成文化认同			
	理解红砖古厝的中国智慧，坚定文化自信			
	培养对多元文化尊重包容的态度			

我这样评价我自己

伙伴眼里的我

老师的话

课堂反馈（建议、收获）

行

非遗里的中国智慧

FEIYILI DE ZHONGGUO ZHIHUI

福建篇

初中分册

"行"之工匠——"海丝"遗迹

（欣赏·评述单元）

❀ 单元情境

寻迹丝路，这条绵延之路上，建筑以独特的形式凝固历史。

"航标塔"如守护者一般，迎送一次次的天际归帆，为船队指引航路，"长桥"如横卧巨龙一般，托举一队队往来的商客，搭建起文化交流的纽带。一塔一桥、一砖一石，是文明的象征，更是中国智慧的展现，一起去探究这独特的"行"文化吧！

❀ 单元目标

能知道：学生能够把握石塔建筑的欣赏方法，了解相关知识，并分析其视觉元素及形式原理。

能做到：学生能够从不同角度欣赏、认识与分析建筑，结合文化情境解读传统建筑及其独特价值，发现古建筑的发展和变化，并通过与他人交流拓展思维。

能理解：学生能够解读闽南"海丝"建筑的风格与结构，理解其人文价值，提高保护古建筑的意识和自觉性，形成高雅的情趣以及尊重世界多元文化的态度。

❀ 单元任务

通过以往的学习，学生对建筑艺术形成了一定的感受能力和理解能力，对基础的建筑知识有一定的了解，具备一定的建筑鉴赏能力。本单元引导学生运用多种鉴赏方法鉴赏建筑艺术作品，对鉴赏对象形成自己独到的见解，以提高鉴赏能力。

❀ 单元评价

·能够认真聆听故事，关注建筑，具有学习鉴赏建筑的意愿。

·能够主动观察、探究、学习建筑的特征，并主动表达感受。

·能够了解建筑背景故事，观察建筑特征，感悟古人智慧并合理运用鉴赏方法进行鉴赏。

❀ 中国智慧　因材施艺、和谐共生、互帮互助

第1课时 高出云表
——海上丝路航标

🎯 **学习目标**

1. 认识六胜塔和万寿塔的历史文化和建筑特点；
2. 掌握并应用石塔建筑的鉴赏方法。

六胜塔和万寿塔是古代泉州的两座航标塔，是商船抵达泉州港的地标，也是镇守海口、护佑商旅的精神寄托，它们见证着海上丝绸之路的繁荣和辉煌。在接下去的美术学习中，让我们一起来认识和欣赏这两座航标塔吧！

比一比

这两座塔有哪些相同和不同之处？（可以从外形、结构、材质上思考）

六胜塔 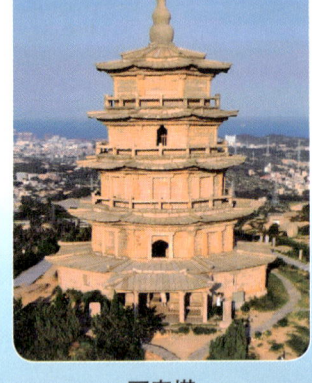　　　　　万寿塔

六胜塔

鉴赏六胜塔

结　构

　　六胜塔为仿木楼阁式石塔，八角五层，下大上小，逐层收缩。塔体由塔心、回廊和外壁组成，每层设四门、四龛，门、龛的位置逐层转换，上下交错，不但增强了建筑的艺术性，而且使得墙体重量分布均匀，建筑结构更为牢固。

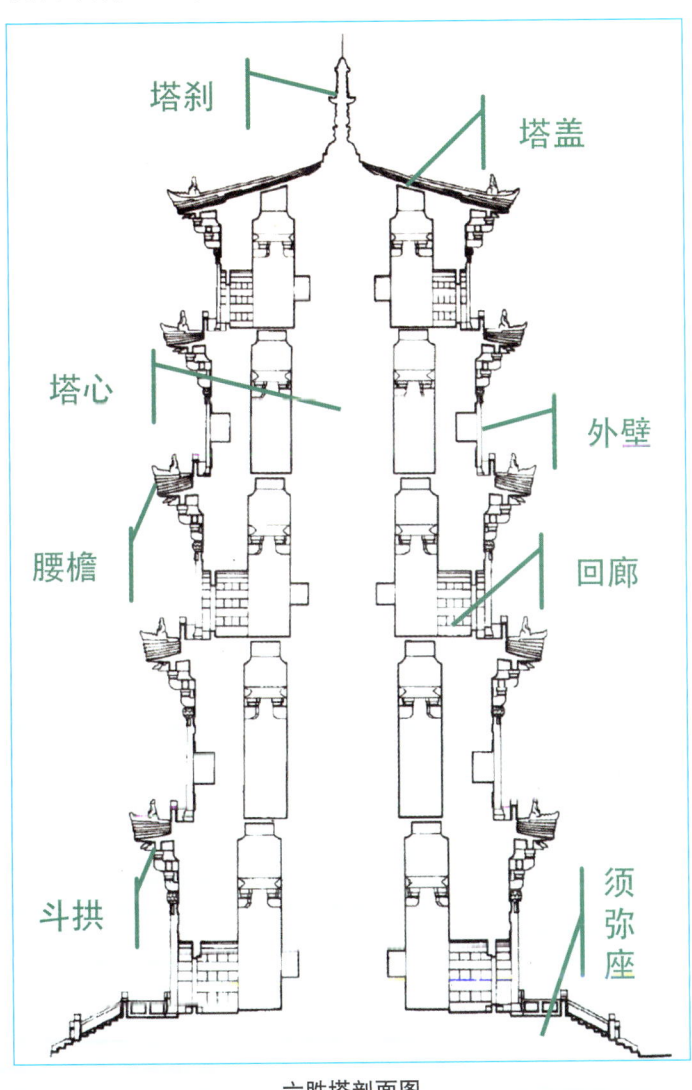

六胜塔剖面图
（《泉州古建筑》泉州历史文化中心主编）

六胜塔斗拱

六胜塔腰檐

想一想
斗拱和腰檐各有什么实用价值？

材　质

　　六胜塔塔身为花岗石构筑，福建本地花岗岩石矿丰富，质地优良，是建塔的理想选材。

六胜塔局部→

知识窗

唐宋以来，泉州的石塔数量众多，而且出现了许多仿木结构的石塔，其仿木程度逼真，建筑技术精湛，体现出当时泉州雄厚的经济实力和建筑工匠高超的技艺。

造型

六胜塔的外塔壁各层都设有券门和方龛，两侧有天王、菩萨等浮雕石像，造像表情生动，姿态各异，服饰精美；在每处腰檐角脊下端，置蹲坐力士石雕一尊，形态逼真，气势十足。

塔身石雕局部

功能

古代海上航行时，航标塔极为重要，它指引着船只正确出入港，六胜塔是近海进入泉州湾的近距离航标塔。

根据传说，当年这里有18个渡口，停泊着亚非各国番舶近百艘，海路交通盛极一时。

想一想

如果你是当时的泉州商人，你想写信向外国船队介绍六胜塔，你会如何描述六胜塔的位置和外形特点？

鉴赏万寿塔

万寿塔同样是宝贵的丝路遗迹，试着用学到的方法鉴赏一下万寿塔的文化和艺术特点吧！

材 质

你认为万寿塔是由哪种材料构成的？你是从哪里发现的？

万寿塔→

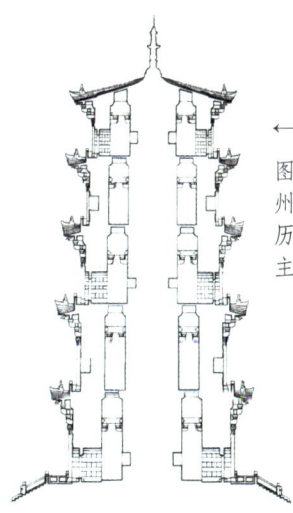

我也是一座航标塔哦

←六胜塔剖面图
图片来源：(《泉州古建筑》泉州历史文化中心主编)

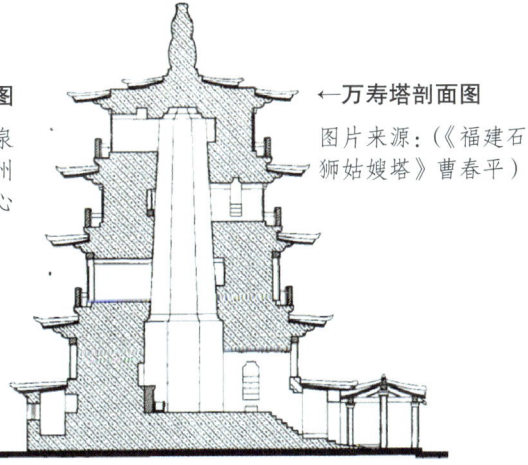

←万寿塔剖面图
图片来源：(《福建石狮姑嫂塔》曹春平)

结构与造型

万寿塔有几层？在外形和内部结构上，它和六胜塔有什么不同？

功 能

找一找地图上万寿塔的位置，除了作为航标塔，它还有什么功能呢？

知识窗

万寿塔位于泉州湾海岸制高点宝盖山山顶，登临此处，泉州湾及远近岛屿一览无余。左侧遥望泉州湾，正对台湾海峡，右侧直视深沪湾。

关于万寿塔，《闽书》中描写了一段美丽的故事：有姑嫂二人，为商人妇，其夫出海，许久未归。姑嫂二人建塔遥望，等待亲人。这个美丽的传说，脍炙人口，经久不衰，因此人们皆谓此塔"姑嫂塔"。

第 2 课时

长桥卧波
——海上丝路遗迹

🎯 **学习目标**

◎ 认识洛阳桥；
◎ 灵活运用费尔德曼四步鉴赏法赏析相关建筑。

古泉州港盛极一时，桥在当时作为交通枢纽起着重要作用。其中，洛阳桥被誉为"海上第一桥"。接下来让我们用费尔德曼四步鉴赏法去探究一下吧！

洛阳桥楼阁式石塔→

第一步 　　**描　述**

洛阳桥北起蔡襄路，西至桥南路，全长 731 米，宽 4.5 米，是一座跨海石桥。桥墩呈船形，两侧扶栏雕有石狮，桥中部有七座石亭，桥面现存四尊护桥石将军和六座石塔及碑刻等附属遗迹。

洛阳桥

第二步 分析

洛阳桥整体造型朴实简练，石狮、石将军等雕像古拙生动，线条流畅，各具特色，具有很高的艺术价值。桥面分布的石塔形态各异，有楼阁式石塔、五轮塔以及圆锥形塔，这些石塔不仅保存完好，而且带有明显的时代印记。用长条石交错垒砌成的船形桥墩不仅可以减少水的冲击力，而且给人较好的审美感受。

护桥石将军 　　　　五轮塔 　　　　石狮构件

第三步 解释

桥一般专指跨水行空的道路，为了方便运输工具和行人通行。古人修建洛阳桥主要还是缘于10世纪泉州海外贸易的迅速发展，宋元时期泉州跃居东方第一大港，也促成了泉州的造桥热。为了方便货物集散和海舶运输的需要，泉州人充分发挥技艺与智慧，建造出这座跨海长桥。

古人为何要花费大量的人力物力在海上修建洛阳桥呢？

第四步　评价

洛阳桥的桥体及附属遗迹无论从技术、审美还是史学角度来看，都有着难以估量的价值。它历经千年时光，见证了宋元时期"东方第一大港"——泉州的历史。如今光环褪去，桥依然横亘于洛阳江上，成为泉州人民的精神符号。

俯瞰洛阳桥

布满牡蛎的船形桥墩

知识窗

洛阳桥造桥时首创的技术工艺"筏形基础""浮梁架运""养蛎固基"，体现了当时最先进的造桥技术。"筏形基础"即用船载石块沿着桥梁中线抛下，使江底形成矮堤，然后在堤上建桥墩，达到减轻水力冲击的目的；"浮梁架运"即利用潮涨船高的规律，退潮时用浮排将石材运送至桥墩之间恰当的位置，涨潮时利用浮力将石材调整安放至桥墩；"养蛎固基"即在桥下养殖大量牡蛎，利用牡蛎的附着作用把桥基石与桥墩石胶合凝结成牢固的整体。

小试牛刀

泉州还有一座被誉为"天下无桥长此桥"的安平桥，同学们尝试鉴赏一下吧！

安平桥

第一步　描述

仔细观察图中的安平桥，说一说对它的第一印象。

第二步 分析

查阅相关资料，试着从装饰、材料、结构、功能等方面分析安平桥。

构造 　　　　　　　装饰 　　　　　　　材料

第三步 解释

观察桥墩并思考，从功能、象征、技术等方面提出见解。

安平桥船形桥墩 　　　安平桥方形桥墩

俯瞰安平桥

第四步 评价

你觉得安平桥有哪些意义和价值？说一说自己的看法。

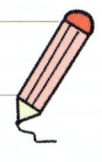

"行"之工匠——"海丝"遗迹

（创意·表现单元）

❀ 单元情境

海上丝绸之路为我们留下了丰富的历史文化遗迹，极具文化内涵与价值，至今传递着"海丝"精神。面对如此丰富的文化内容，我们将借助"手绘地图"宏观把握遗迹分布，借助"石将军"微观探究"海丝"精神，感受中国古人的智慧与匠心。

❀ 单元目标

能知道：学生能够把握"海丝"手绘地图与石将军的视觉元素、形式原理、色彩知识及相关文化知识。

能做到：学生能够运用不同的美术媒材和恰当的技巧和方法，巧妙利用生活中的材料，进行创意表现，同时在交流的过程中进行反思与改进。

能理解：学生能够理解海上丝绸之路蕴含的文化价值，从而提高保护古建筑、传承古文化的意识和自觉性。

❀ 单元任务

通过上一单元的学习，学生对海上丝绸之路已有一定的了解。在以往的美术课程学习中，对各类美术材料和表现手法有初步的尝试，具备一定的表现能力。在本单元中，通过引导学生综合运用各种美术材料，进行个性化表达，提高学生的造型能力和动手能力。

❀ 单元评价

· 学生在创作过程中具有较浓厚的兴趣与良好态度。

· 学生在创作过程中能够把握用墨浓淡以及色彩的调合与使用，画面具有完整性与审美性。

· 学生能运用雕、刻、塑的技法进行大体块造型的塑造，并具有细节刻画能力以及立体空间思维能力。

❀ 中国智慧　因材施艺、和谐共生、互帮互助

第 1 课时　四通八达
——"海丝"手绘地图

"海丝"遗迹指哪些地方呢？接下来通过手绘"海丝"地图来了解一下吧！

活动名称：手绘海丝地图
适合年级：初中学段
创作类型：绘画
准备材料：宣纸、咖啡粉、铅笔、毛笔、墨液、国画颜料、调色盘
活动时长：80分钟

1 寻找"海丝"地图，了解"海丝"遗迹

泉州作为海上丝绸之路的起点，有着丰富的遗迹。从地图上可见，最西边是著名的安平桥；最东边是洛阳桥，还有我们学过的丝路航标六胜塔与万寿塔。

2 材料准备

宣纸、咖啡粉、铅笔、毛笔、墨液、国画颜料、调色盘。

3 做旧宣纸

将咖啡粉溶于水。把宣纸浸泡在咖啡液中，再在局部撒上少许，静置20~30分钟后，取出晾干。

4 铅笔起稿

根据第1步中的文字内容安排位置。

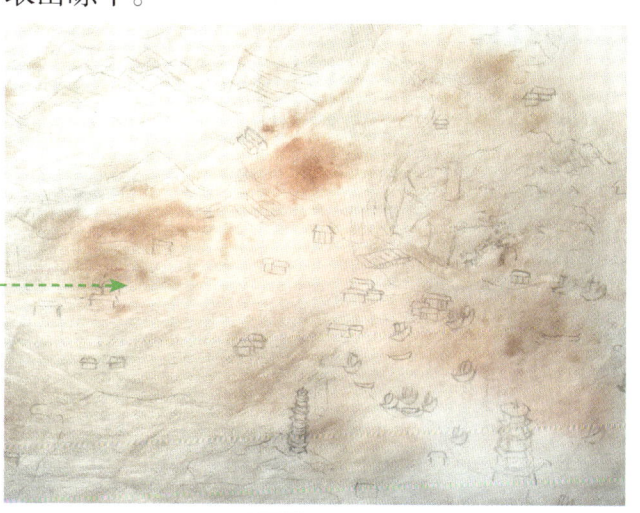

5 淡墨勾勒

黑墨加水调和成淡墨，勾勒时毛笔水分不宜过多。

6 局部上色

使用国画颜料如三绿、酞青蓝、藤黄等颜色给地图上色。

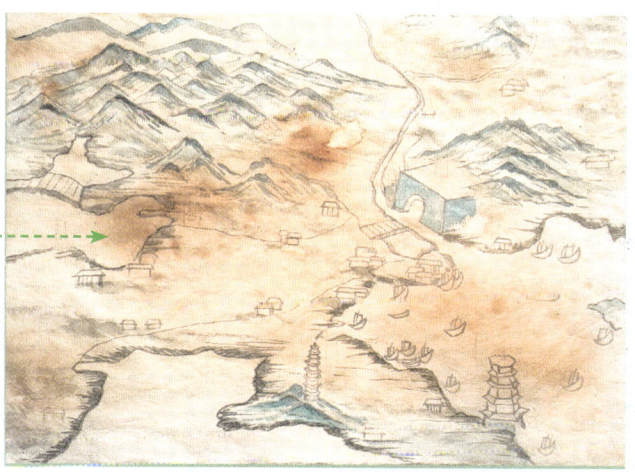

7 最后一步

用浓墨再次勾勒海陆交界处及部分山脉，并标注地理位置。复古的"海丝"手绘地图就完成啦！

作者：＿＿＿＿＿　创作时间：＿＿＿＿＿
创作感想：＿＿＿＿＿

第 2 课时 庇佑平安
——石将军泥塑

接下来我们一起捏一捏陶土，塑造一个身披铠甲的将军吧！

活动名称：石将军泥塑
适合年级：初中学段
创作类型：手工泥塑
准备材料：陶土、木质工具、水、报纸
活动时长：80分钟

安平桥上有四尊披甲戴盔、手撑长剑，默默守护着这座桥的石将军。它们表情生动、姿态英武，是安平桥珍贵的历史遗迹，更是八闽文化的重要载体。

1

搜集安平桥石将军的图片，仔细观察他们的衣着、动作、神态等，制作时试着将这些细节表现出来。

2

材料准备：陶土、木质工具、水、报纸。

3 为身体每个部分分好适量陶土。

4 头部：用木质工具刻画头盔和五官。

5 躯干：将报纸捏成团作为身体的填充，用大块的陶土包裹住。躯干塑造为上窄下宽的形状。

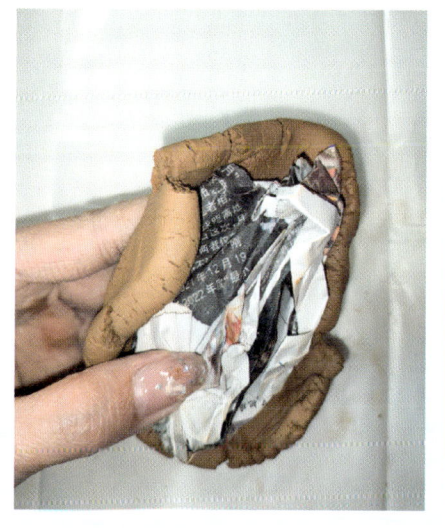

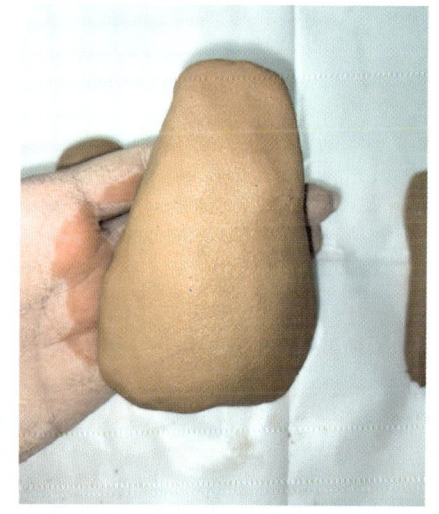

6 头部、手臂、身体连接。

7 粘上长剑，用工具刻画身上的铠甲，作品完成。

小提示

连接处抹些泥水可以粘合得更加牢固。

作者：

创作时间：

创作感想：